BEI GRIN MACHT SICH II
WISSEN BEZAHLT

- Wir veröffentlichen Ihre Hausarbeit,
  Bachelor- und Masterarbeit

- Ihr eigenes eBook und Buch -
  weltweit in allen wichtigen Shops

- Verdienen Sie an jedem Verkauf

Jetzt bei www.GRIN.com hochladen
und kostenlos publizieren

Sonja Grunwald

Waffenhandelsvertrag: Wirksame Kontrolle internationalen Waffenhandels

UN-Rüstungskontrolle und deutsche Waffenexporte

GRIN Verlag

Bibliografische Information der Deutschen Nationalbibliothek:

Die Deutsche Bibliothek verzeichnet diese Publikation in der Deutschen National-
bibliografie; detaillierte bibliografische Daten sind im Internet über http://dnb.d-
nb.de/ abrufbar.

Dieses Werk sowie alle darin enthaltenen einzelnen Beiträge und Abbildungen
sind urheberrechtlich geschützt. Jede Verwertung, die nicht ausdrücklich vom
Urheberrechtsschutz zugelassen ist, bedarf der vorherigen Zustimmung des Verla-
ges. Das gilt insbesondere für Vervielfältigungen, Bearbeitungen, Übersetzungen,
Mikroverfilmungen, Auswertungen durch Datenbanken und für die Einspeicherung
und Verarbeitung in elektronische Systeme. Alle Rechte, auch die des auszugsweisen
Nachdrucks, der fotomechanischen Wiedergabe (einschließlich Mikrokopie) sowie
der Auswertung durch Datenbanken oder ähnliche Einrichtungen, vorbehalten.

Impressum:

Copyright © 2012 GRIN Verlag GmbH
Druck und Bindung: Books on Demand GmbH, Norderstedt Germany
ISBN: 978-3-656-27697-5

Dieses Buch bei GRIN:

http://www.grin.com/de/e-book/200812/waffenhandelsvertrag-wirksame-kontrolle-
internationalen-waffenhandels

GRIN - Your knowledge has value

Der GRIN Verlag publiziert seit 1998 wissenschaftliche Arbeiten von Studenten, Hochschullehrern und anderen Akademikern als eBook und gedrucktes Buch. Die Verlagswebsite www.grin.com ist die ideale Plattform zur Veröffentlichung von Hausarbeiten, Abschlussarbeiten, wissenschaftlichen Aufsätzen, Dissertationen und Fachbüchern.

Besuchen Sie uns im Internet:

http://www.grin.com/

http://www.facebook.com/grincom

http://www.twitter.com/grin_com

FernUniversität in Hagen

Fakultät für Kultur- und Sozialwissenschaften

B.A. Politik- und Verwaltungswissenschaft

Modul P3: Konflikt und Kooperation in den Internationalen Beziehungen

Sommersemester 2012

Abgabe am 27.08.2012

Hausarbeit Modul P3

**Thema: Waffenhandelsvertrag: Wirksame Kontrolle internationalen
Waffenhandels – UN Rüstungskontrolle und deutsche Waffenexporte**

Fragestellung:

**Kann die als restriktiv geltende deutsche Exportpolitik konventioneller
Rüstungsgüter zu einer verbesserten Kontrolle des Waffenhandels im
geplanten UN-Abkommen „Arms Trade Treaty" (ATT) beitragen?**

Sonja Grunwald

Bachelor:

Politik- und Verwaltungswissenschaften, 5. Semester

Inhaltsverzeichnis

Verzeichnis der Abbildungen und Tabelle

1. Einleitung

1.1 Fragestellung und Forschungsstand

Im Juli diesen Jahres planen die Vereinten Nationen (UN) ein Abkommen zur Regulierung des Handels mit konventionellen Rüstungsgütern, das „Arms Trade Treaty" (ATT). Ziel ist die Vermeidung illegalen Waffenhandels und Waffenmissbrauchs. Seit der Gründung 1945 stellen Sicherheit und Frieden (UN Charta Art 2 Abs. 7) die elementaren Anliegen der UN dar. Die derzeit bestehenden Abkommen zur Rüstungskontrolle sind nicht ausreichend, um eklatante Menschenrechtsverletzungen durch Waffengewalt, insbesondere durch Kleinwaffen, zu verhindern, da es an allgemeingültigen Regeln fehlt. Der Waffenhandel hat großen Anteil an internationalen Handelsbeziehungen. Laut dem Stockholm International Peace Research Institute (SIPRI) ist Deutschland mit neun Prozent der drittgrößte Rüstungsexporteur hinter den USA (30 Prozent) und Russland (24 Prozent).[1] Der Export deutscher Rüstungsgüter ist in den letzten Jahren um 37 Prozent gestiegen. Deutschland nimmt für sich in Anspruch, über sehr strenge Regelungen der Rüstungsexportkontrolle zu verfügen. Für Kritiker der Opposition, der Friedensbewegung und der Öffentlichkeit stehen diese beiden Punkte im Gegensatz zueinander. Aktuell führen die Konflikte in den Arabischen Ländern und Afrika zu der berechtigten Frage, inwieweit deutsche Rüstungsgüter den jeweiligen Regimen im Kampf gegen ihre Bevölkerungen von Nutzen waren bzw. sind. Daran gemessen wird auch die Glaubwürdigkeit des deutschen Engagements für eine strengere Kontrolle des Waffenhandels. Lassen sich Frieden und das wirtschaftliche Interesse am Waffenhandel vereinbaren? Neben den ökonomischen bestehen auch sicherheitspolitische Interessen. Es ist nicht von der Hand zu weisen, dass Waffen auch zur Stabilität eines Staates beitragen und bei Angriffen der Verteidigung dienen können. Die Bundesregierung steht international, als Mitglied der Vereinten Nationen, mit in der Verantwortung der Friedens- und Sicherheitspolitik. National werden neben der Sicherheit gleichermaßen gute wirtschaftliche Bedingungen gefordert, die für Arbeitsplätze, Steuereinnahmen und Firmenumsätze sorgen. Diese Doppelrolle Deutschlands als gestaltendes Mitglied der Vereinten Nationen am geplanten Waffenhandelsvertrag und als drittgrößter Exporteur

---

[1] http://books.sipri.org/product_info?c_product_id=443 (Zugriff vom 17.07.2012)

von Rüstungsgütern ist Thema dieser Arbeit. Es geht um die Frage, ob die als restriktiv geltende deutsche Exportpolitik konventioneller Rüstungsgüter zu einer verbesserten Kontrolle des Waffenhandels im geplanten UN-Abkommen „Arms Trade Treaty" (ATT) beitragen kann? Es ist anzunehmen, dass die geltenden Exportgesetze für Rüstungsgüter inhaltlich ausreichend, jedoch in der Praxis mit Rücksicht auf die Wirtschaft nicht hinreichend umgesetzt werden. Zur Überprüfung dieser Hypothese bedarf es einer Definition des Begriffs „verbesserte Kontrolle" und der Analyse der Maßstäbe der deutschen Rüstungsexportrichtlinien und deren Einhaltung.

Die derzeitige Forschung untersucht das Thema Waffenhandel im Zusammenhang von Außenpolitik und internationalen Beziehungen mit dem Schwerpunkt der Souveränitätsproblematik und den damit verbundenen kulturellen Wertesystemen. Ein aktuelles Projekt wird von der Hessischen Stiftung Friedens- und Konfliktforschung (HSFK) unter der Leitung von Prof. Dr. Harald Müller und Simone Wisotzki betrieben.[2] Untersucht werden u.a. die Schwierigkeiten in der Normsetzung und Normumsetzung unter dem Aspekt geteilter Moral- und Gerechtigkeitsüberzeugungen. Die Staatssouveränität und das Recht auf Selbstverteidigung ist ein häufiges Argument für Waffenlieferungen. Aktuelles Beispiel ist der Syrien-Konflikt: Russland, das gemeinsam mit China Veto gegen ein Eingreifen der UN eingelegt hat, steht in der Kritik, weiterhin Waffen an Syrien zu liefern. Präsident Putins Argument, dass es sich „nicht um Waffen handelt, die gegen die Opposition eingesetzt werden" (beim Staatsbesuch in Berlin am 01.06.2012), betrifft einen weiteren Forschungsgegenstand: die Transparenz von Rüstungsexporten. In ihrem „Plädoyer für Prinzipientreue" (2005: 228-236) stellen Bernhard Moltmann und Michael Broszka fest, dass Deutschlands hohe Ansprüche der eigenen Rüstungsexportpolitik in der Umsetzung noch verbessert werden müssen. Es brauche „mehr Transparenz und eine Grundlage für eine qualifizierte politische Bewertung getroffener Entscheidungen" hinsichtlich der Ausfuhrgenehmigungen. Die Wissenschaftler des SIPRI untersuchen Konflikte, Waffenhandel und Rüstungskontrolle im Zusammenhang mit

---

[2] http://www.hsfk.de/Bedingungen-gelingender-Regulierungen-im-Spannungs.764.0.html (Zugriff vom 17.07.2012)

natürlichen Ressourcen[3]. Bodenschätze sind in Ländern wie Sierra Leone, Liberia, Angola und der Republik Kongo Auslöser für Konflikte und Bürgerkriege. Die Industriestaaten sind maßgeblich an Waffenlieferungen dorthin, finanziert durch eben jene Bodenschätze, beteiligt. International übergreifend kritisieren die Forscher gleichermaßen die „diffuse Informationslage" (Moltmann 2011: 5). Vorhandene Daten seien oftmals unübersichtlich und lückenhaft. Lange Zeiträume zwischen den Transfers und der Berichterstattung erschweren zusätzlich eine verlässliche Bewertung.

1.2 Vorgehensweise

Zunächst werden die Begriffe (2.1) und der theoretische Bezugsrahmen (2.2) eingegrenzt. Der Hauptteil (3.) beschäftigt sich mit den Zielen und Absichten der beteiligten Akteure. Unter 3.1 stelle ich die Hintergründe zum ATT dar und gebe einen kurzen Überblick über die an den Rüstungsfragen beteiligten UN-Institutionen und die bestehenden Vereinbarungen. 3.2 legt Deutschlands Umgang mit Waffenexporten dar: Gesetzesgrundlagen, Entscheidungsprozesse über Ausfuhren und deren Darstellung im jährlichen Rüstungsexportbericht. Dieser Bericht und die Daten der nachstehend aufgeführten Dokumente dienen der Operationalisierung hinsichtlich der aufgestellten Hypothese, dass die geltenden Gesetze nur unzureichend zugunsten der Wirtschaft umgesetzt werden. Unter 3.3 folgen mögliche Konsequenzen für das ATT. Das Fazit fasst die Ergebnisse und Erkenntnisse zusammen (4.). Grundlage der Arbeit sind Berichte der Vereinten Nationen und NGOs (u.a. Amnesty International, Armscontrol) Medienberichte, statistische Daten des Auswärtigen Amtes (AA) (Rüstungsexportbericht) und Friedensforschungsinstituten, wie dem SIPRI und dem Bonn International Center for Converstation (BICC).

2. Begriffsdefinition und Theorien

2.1 Begriffsdefinitionen

„Konventionelle Rüstungsgüter" stehen in Abtrennung zu atomaren, biologischen und chemischen Massenvernichtungswaffen (ABC-Waffen). Unterschieden wird zwischen konventionellen Großwaffen (Panzer, Artilleriesysteme, Raketen, Militärflugzeuge, Hubschrauber, Kriegsschiffe und

---

[3] http://www.sipri.org/research/conflict/trends/earlier-projects/drc/drcdefault (Zugriff vom 20.07.2012)

U-Boote) und Kleinwaffen auch „leichte Waffen" oder „Small Arms and Light Weapons" (SALW) genannt. Darunter fallen sämtliche Handfeuerwaffen und Munition, tragbare Raketenwerfer, Mörser und Panzerfäuste. Das sind Waffen, die von ein bis zwei Personen bedienbar sind (John 2007:18). Zu den konventionellen Waffen zählen auch sogenannte Dual-Use-Güter, die sowohl für zivile als auch für militärische Zwecke genutzt werden können (z.B. Motoren für zivile oder militärische Fahrzeuge). Im Gegensatz zu Massenvernichtungswaffen gelten konventionelle Waffen als legitimes Mittel staatlicher Gewalt (Feinstein 2012: 21). Unter Rüstungskontrolle versteht man, laut dem „Handwörterbuch Internationale Politik", „alle Maßnahmen [...], die den Zweck haben, militärische, strategische und politische Probleme, Instabilitäten und Gefährdungen zu reduzieren [...]" (Krause 2007: 453).

Der Begriff „Akteure" meint die staatlichen Akteure Deutschland und die UN und die nicht-staatlichen Akteure oder private Akteure, wie die Wirtschaft und die NGOs. Nicht-staatliche Akteure, die grenzübergreifend handeln, werden als transnationale Akteure bezeichnet. Deutschland und die UN werden im Sinne komplexer Kollektivakteure betrachtet. Nach Scharpf setzen sich komplexe Akteure aus mehreren individuellen Akteuren zusammen (2000: 96). Weiter unterscheidet er zwischen kollektiven und korporativen Akteuren. Die Mitglieder kollektiver Akteure haben gemeinsame Präferenzen, die gemeinsam kontrolliert werden. Korporative Akteure hingegen sind unabhängig von den Präferenzen ihrer Mitglieder (Scharpf 2000: 101). Der Form halber nenne ich weitere beteiligte Akteure, die im Rahmen diesen Arbeit jedoch nur am Rand erwähnt werden: Handelspartner, Europäische Union (EU) und die Zivilgesellschaft.

Dem Begriff „verbesserte Kontrolle" lege ich die Ziele der UN-Konferenz zu Grunde, die unter Punkt 3.1 genannt werden.

2.2 Theorien: Global Governance (GG) und Eastons Systemmodell

Aufgrund der unterschiedlichen Partikularinteressen der Akteure und deren Einflussnahme auf den verschiedenen Politikebenen, habe ich mich für den Global-Governance-Ansatz als theoretischen Rahmen entschieden. Er eignet sich zur Untersuchung von der Vereinbarkeit von innen- und außenpolitischer Verantwortung und entsprechendem Handeln. Mit dem GG-Ansatz reagiert die

Wissenschaft auf die veränderten Bedingungen durch die Globalisierung. Obwohl GG von Kritikern als ein zu weit gefasster Begriff bezeichnet wird, steht er im Kern für zwei Aspekte. Er berücksichtigt die transnationalen Akteure (Wirtschaft, NGOs), die in den letzten Jahren in der internationalen Politik verstärkt an Einfluss gewonnen haben und er bezieht die unterschiedlichen Ebenen, (lokal, regional, national, international) ein, auf denen politische Entscheidungen getroffen werden (Behrens/Reichwein 2007: 322). Greene und Marsh betonen die „multi-level"-Ebenen, da sie die Interaktionen zwischen den Ebenen für ebenso wichtig halten wie innerhalb der Ebenen (2012: 163). Die primäre Verantwortung über die Regulierung und Kontrolle liegt für sie dennoch bei den nationalen Regierungen. Im Mittelpunkt dieser Untersuchung stehen die Akteure Deutschland und die UN, als *unabhängige Variablen*, die keine transnationalen Akteure sind, aber von diesen stark beeinflusst werden. Der Waffenhandelsvertrag stellt die *abhängige Variable* dar. Der GG-Begriff findet in dieser Arbeit eine analytische Verwendung, die für eine neue Form des Regierens steht. Die Globalisierung bedingt, dass Probleme (z.B. Umweltverschmutzung, Terrorismus) nur durch die Staatengemeinschaft und nicht durch alleiniges Handeln einzelner Staaten gelöst werden können. Das staatszentrierte Regieren muss infolgedessen erweitert werden. Eine normative Betrachtungsweise, die sich auf eine verbesserte Form des Regierens auf globaler Ebene bezieht, wurde nicht gewählt, da es hier zunächst um die Einigung auf ein gemeinsames Handeln im Umgang mit Waffen geht. Die Kritik, dass GG die Machtverteilung und Interessensgegensätze vernachlässigt (Brühl/Rosert 2010: 50), wird bewusst ausgeklammert. Die Machtverteilung und Interessen auf internationaler Ebene (innerhalb der Konferenz) sind für den Abschluss des Abkommens ohne Frage von Bedeutung, aber kein Gegenstand dieser Untersuchung. Die Interessen und die Machtverteilung auf nationaler Ebene hingegen werden berücksichtigt, da sie auf die Entstehung und Handhabung von Regelungen und Gesetzen sowie deren Implementierung und Anwendung Auswirkungen haben (Grundsätze der Bundesregierung für den Export von Kriegswaffen und sonstigen Rüstungsgütern, Gesetz über die Kontrolle von Kriegswaffen (KWKG), Außenwirtschaftsgesetz (AWG)). Zur Darstellung wurde David Eastons Input-Out-Kreislauf gewählt. Easton legt den politischen Prozessen die

Bezugsgrößen Umwelt, politisches System, In- und Outputs zugrunde. Als Input bezeichnet man die von der Umwelt gestellten Forderungen an die Politik. Mit den Forderungen sind Interessen verbunden, die zu einer Unterstützung der Politik von außerhalb führen können. Unter Verwendung des Inputs wird im politischen System entschieden und gehandelt. Diese Entscheidungen werden als Output bezeichnet. Das Output gelangt in Form von Maßnahmen, wie z.B. Gesetzen, wieder in die Umwelt (Blum/Schubert 2011: 24).

Abbildung 1: Systemmodell nach Easton

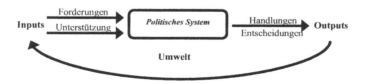

(Quelle: Easton 1965)

3. Ziele und Absichten der Akteure

3.1 Hintergründe zum geplanten Waffenhandelsvertrag der Vereinten Nationen

Der Waffenhandelsvertrag soll eine internationale Regelung zur Kontrolle des Waffenhandels festlegen, um illegalen Waffenhandel, Waffenmissbrauch in Konflikten und Menschenrechtsverletzungen zu verhindern. Im Bereich der Massenvernichtungswaffen bestehen bereits eine Anzahl an Resolutionen und Verträgen bezüglich der Kontrolle. Im Bereich der konventionellen Waffen gibt es seit 1980 die UN-Waffenkonvention (Convention on Certain Conventional Weapons, CCW), die den Einsatz bestimmter konventioneller Waffen (z.B. Splitter- und Brandbomben, Laserwaffen) verbietet oder beschränkt und das Verbot von Landminen (Ottawa-Konvention, 1997). 1991 wurde das UN-Register für konventionelle Waffen (United Nations Register of Conventional Arms, UNROCA) eingerichtet, in dem die Mitgliedsländer jährlich ihre Im- und Exporte schwerer konventioneller Waffen auf freiwilliger Basis veröffentlichen. Doch aufgrund der Lückenhaftigkeit und der fehlenden Verzeichnung „leichter" Waffen beschloss die UN-Generalversammlung (General Assembly, GA) 2006 eine Resolution zur Erarbeitung gemeinsamer

Normen für den Im- und Export konventioneller Waffen (A/RES/61/89)[4].
Sechs Jahre später soll nun eine entsprechende Konvention in der UN
Konferenz zum „Arms Trade Treaty", die während der Entstehung dieser
Arbeit vom 02. bis zum 27. Juli 2012 in New York tagt, zum Abschluss
gebracht werden. Der verstrichene Zeitraum und die Tatsache, dass vor allem
die Zivilgesellschaft und NGOs wie „Control Arms"[5] (Initiative von amnesty
international, IANSA und Oxfam) das Stattfinden der Konferenz
vorangetrieben haben, weisen auf die Problematik hin, die mit diesem Thema
verbunden ist. Es zeigt gleichzeitig die Wichtigkeit, NGOs an den politischen
Prozessen der globalen Politik, im Sinne des GG-Ansatzes, mit einzubeziehen.
Denn die NGOs informieren die Öffentlichkeit über die Handhabe im
internationalen Waffenhandel und haben die Möglichkeit, die Staaten zu mehr
Transparenz und zu schärferen Kontrollen zu drängen (Stohl/Grillot 2009:176).
Innerhalb der UN gibt es verschiedene Gremien, die sich mit Rüstungsfragen
beschäftigen. Es folgt ein kurzer Überblick: Die Schwierigkeit der
Rüstungskontrollpolitik liegt in den vielseitigen Interessen der 193
Mitgliedsstaaten, deren Einflussnahme in den unterschiedlichen Gremien zum
Tragen kommt. In der GA, in der alle Länder vertreten sind, zählt das
Mehrheitsprinzip. Hier wurden bereits wichtige, wenn auch nur symbolische,
Resolutionen zur Rüstungskontrolle verabschiedet. In diesem Zusammenhang
steht auch die Abrüstungskonferenz (Conference on Disarmament, CD), die
zwar kein direktes Organ der UN ist, jedoch von ihr verwaltet und finanziert
wird. Die Herausforderung der CD, verbindliche Abkommen zutreffen, liegt in
der gemeinsamen Konsensfindung der 65 Mitgliedsstaaten (Brühl/Rosert 2010:
172-175). Blockierte Themen werden deshalb häufig an die GA weitergeleitet,
welche wie o.g. zumindest eine Resolution verabschieden kann. Ebenfalls auf
Konsens ausgerichtet ist der Sicherheitsrat (Security Council, SC). Er besteht
aus fünf ständigen Mitgliedern (Russland, China, USA, Frankreich,
Großbritannien) und zehn auf zwei Jahre gewählten Mitgliedern. Obwohl er in
der Hauptverantwortung der Friedenssicherung steht, nur der SC kann
Normverstöße sanktionieren, Militäreinsätze oder Waffenembargos
beschließen, ist die Rüstungskontrolle dennoch kein Schwerpunktthema. Die

---

[4] http://www.ony.unu.edu/Resolution_61_89.pdf
[5] http://www.controlarms.org (Zugriff vom 15.07.2012)

Konferenz zum ATT wird durch das Büro für Abrüstungsfragen (UN Office for Disarmament Affairs, UNODA) organisiert. Es wurde ursprünglich 1981 zur Zweiten Abrüstungssondertagung der GA (SSOD II) gegründet. Kleinwaffen gelten als eine Ursache für schwere Menschenrechtsverletzungen, Armut und Unterentwicklung (Wisotzki 2006: 3). Jährlich sterben weltweit 300.000 Menschen in Konflikten, 200 000 durch Kriminalität und Selbstmord. Dazu kommen 1,5 Millionen Betroffene, die dauerhafte physische und psychische Schäden durch Schussverletzungen davontragen. Dennoch wurde ein bereits 2001 beschlossenes Kleinwaffenaktionsprogramm der UN (A/CONF.192/15) bei der Überprüfungskonferenz 2006 als gescheitert erklärt. Die Meinungen über die Art und den Umfang der Kontrolle gehen weit auseinander. An diesem Beispiel ist die Problematik der Akteurspluralität und den unterschiedlichen Partikularinteressen besonders deutlich. Mit dem ATT versucht die UN nun einen zweiten Anlauf. Nicht zuletzt aufgrund des im Human Security Report von 2005 erweiterten Sicherheitsbegriffs in Bezug auf die „Sicherheit des Einzelnen" (vor Krankheit, Gewalt, Unterdrückung etc.)[6]. Mit der sich auferlegten Schutzverantwortung („Responsibility to Protect", R2P), verpflichtet sich die UN, die Bevölkerungen vor Verbrechen gegen die Menschlichkeit (wie Völkermord, ethnische Säuberungen, Kriegsverbrechen) zu schützen. Entscheidend für das Abkommen ist die Aufnahme der sogenannten „Goldenen Regel". Sie verbietet die Lieferung von Waffen, wenn die Gefahr besteht, dass damit schwere Menschenrechtsverletzungen begangen werden. In den Vorverhandlungen konnten die Gegner der „Golden Rule", USA, Syrien, Iran, Kuba und Russland durchsetzen, dass der ATT die Zustimmung aller 193 Länder bedarf. An dieser Stelle nehme ich den Begriff der „verbesserten Kontrolle" wieder auf, da die Aufnahme der Menschenrechte ein wesentlicher Teil davon ist. Dazu gehört auch eine detaillierte Auflistung von Rüstungsgütern und Rüstungszubehör, wie Munition oder Dual-Use-Gütern. Zur Kontrolle Letzterer wären Angaben über die Käufer und über den Verwendungszweck notwendig (Walsh 2007: 123). Am Schwersten lassen sich die Produktion und der Handel von Kleinwaffen nachvollziehen. Wie oben erwähnt, gibt es eine relativ gute Übersicht über die Menge nuklearer Waffen und großer konventioneller Waffen. Das möchte die UN auch für leichte

---

[6] http://ochaonline.un.org/humansecurity/Background/tabid/2100/language/en-US/Default.aspx (Zugriff vom 24.07.2012)

Waffen erreichen. Denn über deren Anzahl lassen sich keine genauen Angaben machen. Probleme bereitet nicht nur der illegale, sondern auch der legale Waffenhandel. Tatsächlich gibt es noch Kleinwaffen aus dem Kalten Krieg, die seitdem unkontrollierbar weitergereicht werden. Das sind Waffen, die legal erworben wurden, aber über deren Verbleib es keine Informationen gibt. Es kommt sogar häufig vor, dass diese Jahre später gegen die ursprünglichen Verkäufer eingesetzt werden. So hatte die NATO bei ihrem Libyen-Einsatz, auch gegen einst gelieferte Waffen aus Europa, u.a. Deutschland, zu kämpfen. Dieses Phänomen wird als „Blowback" bezeichnet. Ein Blowback ist „der unbeabsichtigte Negativeffekt einer militärischen Operation im Ausland auf das eigene Land" (Feinstein 2012: 29). Ein weiteres Phänomen ist eine neue Fertigungsmethode: In Chile, Ghana, Pakistan oder auf den Philippinen werden mittlerweile Waffen nicht nur in Fabriken, sondern zunehmend auch in kleinen Werkstätten in Handarbeit hergestellt. Hierüber gibt es keine verlässlichen Zahlen. Die Ausmaße lassen sich an folgendem Beispiel erahnen: Die Polizei in Ghana schätzt, dass sich ungefähr 75.000 illegal gefertigte Waffen neben den 125.000 nicht registrierten Waffen innerhalb des Landes im Umlauf befinden (Karp 2009: 279). Bereits im Vorfeld haben sich viele Staaten, alle EU-Länder, die Länder Lateinamerikas und Afrikas, für ein restriktives Abkommen ausgesprochen. Der Botschafter der deutschen UN-Delegation, Dr. Peter Wittig, verweist in seinem Beitrag vom 06. Juli 2012[7] auf Deutschlands Erfahrungen mit den nationalen sowie europäischen Regeln zum Waffenhandel. Er hofft, dass es der deutschen Delegation gelingt, die UN-Länder von den Vorteilen dieser Regeln in der Konferenz zu überzeugen. Mit diesen Regeln befasst sich der nächste Abschnitt.

3.2 Deutschlands Rüstungsexportpolitik

Deutschland sieht sich, trotz seines Spitzenplatzes in der Rangliste der Waffenexporteure, als Beispiel für ein „besonders strenges und weltweit vorbildliches System der Rüstungskontrolle"[8]. Der Staatsminister im Auswärtigen Amt, Michael Georg Link, hat in seiner Rede beim „30. Forum Globaler Fragen" im Juni diesen Jahres (Vorveranstaltung zum ATT), von der

---

[7] http://www.un.org/disarmament/ATT/statements/docs/20120709/20120706_Germany_E.pdf
[8] Aus der Einladung zum 30. Globalen Forum zum ATT am 06. Juni 2012 in Berlin
www.diplo.de/ForumGF

Herausforderung gesprochen „die grundsätzliche Freiheit des Handels, die vielschichtigen Sicherheitsbedürfnisse der Staaten sowie die notwendige Verantwortung im Umgang, insbesondere beim Handel, mit Rüstungsgütern in einem Dokument allgemeingültig und verbindlich zu erfassen."[9] Diese Kriterien lassen sich nach dem GG-Ansatz verschiedenen Ebenen zuordnen. Deutschland nimmt je nach Ebene verschiedene Rollen ein. Deutschland ist Exportnation gegenüber Handelspartnern (national/international) und auch Geberland gegenüber Entwicklungsländern (international). Diese Rollen stehen nicht immer im Einklang mit der Forderung nach Menschenrechten und Demokratie (Böckenförde/Leininger 2012: 40). Eine diese Ebenen ist die nationale Ebene. Eastons Modell zeigt, welche Einflüsse (Inputs) innerhalb des Staates auf die Politik einwirken. An die Regierung eines Landes werden Forderungen gestellt. Bevölkerung und Unternehmen verlangen nach guten Lebens- und Unternehmensbedingen. Dazu gehören gut bezahlte Arbeitsplätze, rentable und konkurrenzfähige ökonomische Bedingungen, die dem Staat gleichermaßen Einnahmen bringen. Dazu gehören auch Frieden und Sicherheit. Diese Forderungen kommen von verschiedenen Gruppen: Gewerkschaften, Arbeitgebern, Friedensbewegungen, Unternehmensverbänden, etc. Die Akteure bedienen sich verschiedener Möglichkeiten, die Politik bei der Umsetzung zu unterstützen bzw. zu beeinflussen. Es wurde bereits darauf hingewiesen, dass die Machtverteilung bei dieser Untersuchung außen vor gelassen wird und davon ausgegangen wird, dass eine Einflussnahme besteht, aber nicht in welchem Maße. Eine Lobby kann mächtig aufgrund seiner Mitgliederanzahl, finanzieller Ausstattung oder historischer Bedeutung sein. Dabei ist nicht zu vergessen, dass gerade das innen- und außenpolitische Handeln oftmals im geschichtlichen Zusammenhang mit der deutschen Verantwortung in Bezug auf die beiden Weltkriege steht. Anlässlich des Exports deutscher U-Boote, welche mit atomaren Sprengköpfen bestückt werden können, an Israel, befand der israelische Verteidigungsminister Ehud Barak, dass wäre „die Hilfe Deutschlands, Israels Sicherheit zu verteidigen". Darauf könne Deutschland stolz sein (Spiegel Nr. 23, 04.06.2012). Die primäre Verantwortung der Regulierung und Kontrolle liege bei den nationalen Regierungen, haben

---

[9] http://www.auswaertiges-amt.de/DE/Infoservice/Presse/Reden/2012/120606_StM_L_ATT.html?nn=617878 (Zugriff vom 01.07.2012)

Greene und Marsh gesagt. Amnesty international weist im Jahresbericht 2012 [10] auf die Möglichkeit hin, dass deutsche Rüstungsexporte zu Menschrechtsverletzungen geführt haben *könnten*. Damit ist die Annahme verbunden, dass die geltenden Gesetze nicht ausreichen und/oder nur unzureichend umgesetzt werden. Gesetze (Outputs) entstehen nach Eastons Modell durch die Entscheidungen der Politik unter Einflussnahme der o.g. Inputs. Über die Qualität des Outputs entscheidet deren Umsetzung in der Praxis. Es geht darum, ob die Gesetze in ihrer Umwelt (Verwaltung, Wirtschaft, Politik) einsetzbar und ausreichend sind und ob sie umgesetzt werden. Bezogen auf die deutsche Rüstungsexportpolitik sieht die momentane Situation wie folgt aus: Der Wert der genehmigten Ausfuhren für Rüstungsgüter belief sich im Jahr 2010 laut Rüstungsexportbericht 2010 der Bundesregierung auf 4.754 Milliarden Euro[11]. Neben europäischen Empfängerländern werden u.a. auch Saudi-Arabien, Indien, Südkorea, die Türkei, Pakistan und der Irak genannt. An oberster Stelle der Lieferungen stehen Kriegsschiffe, gefolgt von militärischen Ketten- und Radfahrzeugen, militärische Elektronik und Kriegswaffen (darunter auch ehemalige Bundeswehrbestände).

Der Handel mit Waffen wird in Artikel 26 Abs. 2 im Grundgesetz (GG) geregelt: „Zur Kriegsführung bestimmte Waffen dürfen nur mit Genehmigung der Bundesregierung hergestellt, befördert und in Verkehr gebracht werden. Das Nähere regelt ein Bundesgesetz." Die Bundesregierung betont ihre „verantwortungsvolle Genehmigungspolitik", [12] die nach den „Politischen Grundsätzen der Bundesregierung für Rüstungspolitik" vom 19.01.2000 erfolgt. Entscheidungen werden auf Grundlage des Gesetzes über die Kontrolle von Kriegswaffen (KWKG) und dem Außenwirtschaftsgesetz (AWG) getroffen. Die Kriterien stimmen mit dem „Verhaltenscodex der Europäischen Union für Waffenausfuhren" vom 08.06.1998 (EU Code of Conduct for Arms Exports) und den „Prinzipien zur Regelung des Transfers konventioneller Waffen" der Organisation für Sicherheit und Zusammenarbeit in Europa (OSZE) vom 25.11.1993 überein. Menschenrechte haben dabei einen hohen Stellenwert. Die

[10] http://www.amnesty.de/amnesty-international-report-2012
[11] http://www.bmwi.de/BMWi/Redaktion/PDF/Publikationen/ruestungsexportbericht-2010,property=pdf,bereich=bmwi,sprache=de,rwb=true.pdf (Zugriff vom 01.07.2012)
[12] http://www.auswaertiges-amt.de/DE/Aussenpolitik/Aussenwirtschaftsfoerderung/Exportkontrollpol-national_node.html (Zugriff vom 08.08.2012)

Bundesregierung verpflichtet sich, keine Ausfuhrgenehmigung zu erteilen, falls der Verdacht besteht, dass die Waffen in dem Empfängerland zur Repression eingesetzt werden (Punkt 3 der Grundsätze). Dabei orientiert man sich an Informationen der EU, der UN, der OSEZE und internationaler Menschenrechtsorganisationen (Punkt 4). Außerdem soll der Endverbleib sichergestellt werden (Punkt 5). Geprüft werden die Genehmigungen durch den Bundessicherheitsrat in geheimer Beratung. Mitglieder sind der/die Kanzler/in, der Chef des Kanzleramtes und die Verteidigungs-, Außen-, Innen-, Justiz-, Finanz- und Entwicklungsminister. Gründe für eine Ablehnung bestehen z.B. bei Exporten in Spannungsgebiete, bei zu befürchteten Gewaltausbrüchen im Falle von Waffenlieferungen und bei Gefährdung deutscher Sicherheitsinteressen. Berücksichtigt werden auch eventuelle Belastungen auswärtiger Beziehungen zu anderen Ländern. Theoretisch sind diese Grundsätze als positiv und vorbildlich zu bewerten. An der tatsächlichen Einhaltung der Kriterien hegen jedoch Menschenrechts- und Friedensorganisationen ebenso wie einige Bundestagsabgeordnete Zweifel. Das Parlament ist nicht an den Genehmigungen beteiligt. Seit 1999 wird es in einem jährlichen Rüstungsexportbericht über die genehmigten Exporte des vergangenen Jahres informiert. Abgeordnete bemängeln die verspätete Vorlage sowie die Unvollständigkeit der Berichte, es seien z.B. Waffenlieferungen ohne detaillierte Angaben zu Modellen und Anzahl verzeichnet. Das Parlament habe folglich keine Kenntnis über aktuelle Rüstungsgeschäfte. Bundestagsabgeordnete kritisieren außerdem die engen Beziehungen der Regierung zur Rüstungsindustrie. Auf Anfrage der Linksfraktion (Ds 17/9459 vom 26.04.2012) teilte die Bundesregierung mit (Ds 17/9854 vom 31.05.2012), dass Vertreter der Rüstungsindustrie Kabinettsmitglieder auf Reisen nach u.a. Angola, Bahrain, Nigeria und Saudi-Arabien begleitet haben. Länder, in denen teilweise massive Menschenrechtsverletzungen begangen werden. Laut dem Spiegel umgehen deutsche Unternehmen die Exporte durch Gründung von Gemeinschaftsunternehmen mit Firmen in den Zielländern, da die Lieferung von Einzelteilen dorthin nicht den strengen Auflagen unterliegen (17.07.2012, online). Die Bewertung von Bundesregierung und Friedensforschern über die Einhaltung der Richtlinien des Waffenexports gehen weit auseinander. Jan

Greber, zuständig für die Rüstungsdatenbank[13] des BICC, kann das erhöhte Aufkommen an Waffenlieferungen an Ägypten nicht nachvollziehen (Tagesspiegel online vom 05.02.2012). Das BICC bewertet die dortige Menschenrechtslage als „kritisch", zudem liege das Land in einer angespannten Region. Laut dem BICC lieferte Deutschland in den Jahren von 2000 bis 2009 u. a. Maschinenpistolen, Panzerteile und Transporter für durchschnittlich 25 Millionen Euro pro Jahr. Die Gesamtausfuhr deutscher Kriegswaffen betrug laut Rüstungsexportbericht 2,119 Milliarden Euro für 2010. Das ist ein Plus von 72 Prozent gegenüber dem Vorjahr. Sieben Prozent davon entfallen auf den Export von Kleinwaffen und Munition an Drittländer, wie die nachstehende Tabelle auszugsweise zeigt.

Tabelle 1: Exporte von Kleinwaffen und Munition an Drittländer (Auszug)

Land	Gewehre, Maschinenpistolen, Zubehör	Gesamt (Euro)
Bahrain		135 810
Brunei		297 795
Indien		3 590 697
Katar		196 421
Saudi-Arabien		4 782 851
...		...
Gesamtgenehmigungen		**16,3 Millionen**

(Eigene Darstellung / Quelle: Rüstungsexportbericht 2010)

3.3 Konsequenzen für das internationale Waffenhandelsabkommen

Obwohl der Inhalt des Abkommens nicht allein von Deutschland abhängig ist und die Machtverteilung innerhalb der Konferenz in dieser Analyse nicht berücksichtigt wurde, lassen sich Rückschlüsse ziehen. In der dargestellten Praxis zeigt sich die Widersprüchlichkeit zwischen Anspruch und Wirklichkeit. Diese Tatsache gilt nicht nur für Deutschland. An diesen Gegensätzen und der Uneinigkeit der Staaten scheiterte zuletzt das Kleinwaffenaktionsprogramm. Dennoch liegt die außenpolitische Verantwortung der Staaten in der Konsensfindung internationaler, wirtschaftlicher und friedlicher Bedingungen. Unter den heutigen globalen Bedingungen wird es kein einzelner Staat

---

[13] www.ruestungsexport.info

schaffen, allein für seine Sicherheit zu sorgen, sondern nur im Kontext der internationalen Sicherheits- und Friedenspolitik (Johnson 2009: 229). Trotzdem werden wirtschafts- und arbeitsmarktpolitische Interessen oftmals über das Allgemeinwohl gestellt. Am Beispiel Deutschland zeigt sich, dass der Rüstungsexport zwar rechtlichen Kontrollinstrumenten unterworfen ist, deren Wirksamkeit aber von der praktischen Anwendung abhängig ist (Frank 2000: 1). Zudem fehlt es an einer verlässlichen Überprüfbarkeit aufgrund ungenauer, unzureichender und nicht zeitnaher Daten. Sollte das internationale Abkommen nach dem Vorbild des deutschen Systems, einem im Grunde strengen Regelwerk mit einigen Schwachstellen, gestaltet werden, bliebe die Problematik der Transparenz und der Überprüfbarkeit bestehen. Es wäre paradox, wenn andere Ländern ihre Zustimmung aufgrund der Tatsache geben würden, dass eine restriktive Gesetzgebung guten Umsätzen nicht entgegensteht. Eine andere Konsequenz wäre es, die Schwachstellen aufzunehmen und dafür zu sorgen, dass eindeutige normative Vorgaben, alle bisherigen Schlupflöcher schließen, die den ungehinderten Handel und den Missbrauch bislang ermöglichten. Im positiven Sinne könnten die von Deutschland gemachten Erfahrungen zu einer verbesserten weltweiten Kontrolle beitragen, da sie aufzeigen, in welchen Bereichen noch Handlungsbedarf besteht. 2002 sahen Michael Broszka und Hartmut Küchle in ihrer Arbeit zu den Gestaltungsmöglichkeiten internationaler Abkommen den geschaffenen Konsens des europäischen Codexes, trotz der fehlenden Verbindlichkeit, als gute Grundlage für die Weiterentwicklung einer restriktiven Rüstungsexportpolitik. Sie waren der Meinung, dass der politisch-moralische Druck die europäischen Länder dazu veranlassen würde, nicht aus dem Konsens auszusteigen (2002: 26). Sollte dieser Druck, wie es scheint, in Deutschland nachgelassen haben, wäre das für ein globales Abkommen das falsche Signal.

Das ATT ist indes gescheitert. 90 Staaten plädierten für einen Abschluss der Vorlage. Doch die USA forderten mehr Zeit, den Entwurf, der die „Golden Rule" enthält, zu prüfen. China und Russland haben sich dem angeschlossen. Amnesty International hat den vorliegenden Entwurf als gute Grundlage bewertet, doch auf Lücken hingewiesen. Unter anderem sollte der Vertrag nicht für alle Arten des Waffentransfers gelten, sondern nur für den kommerziellen Waffenhandel (ohne Schenkung oder Weitergabe von Waffen als staatliche Hilfe). Roberto Garcia Moritan, der Konferenzvorsitzende, strebt an, das Abkommen noch in diesem Jahr abzuschließen (Tagesspiegel online, am 28.07.2012). Die GA wird in ihrer Sitzung Ende September entscheiden, ob und wann die Verhandlungen fortgeführt werden.

4. Fazit

Eine Vorbildfunktion ergibt sich aus dem Handeln. Deutschland kann nur Vorbild sein, wenn es sich in der Praxis an die selbst festgelegten Grundsätze hält. Dazu gehört auch, Richtlinien nachzubessern, wenn diese sich als unzureichend erweisen. Die Transparenz über sämtliche Waffengeschäfte, von der Anfrage bis zum Abschluss, würde dem Parlament als Kontrolle dienen und der Öffentlichkeit zur Information. Es würde die ernsthafte Absicht für eine globale Verantwortung zeigen. Es hat sich erwiesen, dass die Einmischung der NGOs wesentlich zur öffentlichen Aufklärung beiträgt, und dass sie ein Gegengewicht im Machtkampf um eine internationale Vereinbarung sind. Es wäre wichtig, sie in die Konferenz und deren Vorbereitungsveranstaltungen mit einzubeziehen, um auch den Opfern von Waffengewalt eine Stimme zu verleihen. Dass Fakten zu diesem Thema mitunter schwer zugänglich sind, kann ich bestätigen. Während meiner Untersuchung stieß ich oft auf die Begriffe Parallel- oder Schattenwelt, Betrug und Korruption. Amnesty International schreibt im Jahresbericht 2012, es sei *wahrscheinlich*, dass Deutschland Menschenrechtsverletzungen durch Waffenhandel begeht. Die Zahlen der Friedensforschungsinstitute belegen, dass deutsche Waffen definitiv in Spannungsgebiete exportiert werden. Die Gemeinsame Konferenz Kirche und Entwicklung (GKKE) kritisieren in ihren jährlichen Rüstungsexportberichten seit langem die Genehmigungspraxis der Bundesregierung. Diese diffuse Ausgangslage sollte Grund genug für striktere Kontrollen national wie international sein. Es braucht allgemeingültige, klare Kriterien und deren Kontrolle. Die vorliegenden Daten bestätigen meine Hypothese insofern, als dass Genehmigungen augenscheinlich unter Berücksichtigung wirtschaftlicher Interessen erteilt werden. Beispielsweise konnte ich konnte ich keine Begründung des Bundessicherheitsrates bzw. der Bundesregierung für die von Jan Greber kritisierten Waffenlieferungen an

Ägypten finden. Diese und ähnliche Anfragen von Parlamentsabgeordneten oder der Presse werden diesbezüglich mit dem Hinweis auf die Geheimhaltung abgelehnt. Meine Hypothese muss dahingehend korrigiert werden, als dass die deutschen Gesetze inhaltlich n i c h t ausreichend sind. Ich schließe mich Broszka und Moltmann in der Forderung an, dass in der Praxis nachgebessert werden muss. Zudem bedarf es einer Erweiterung der Regelungen: Erforderlich sind nicht nur eindeutige Deklarationen (Anzahl, Verwendungszweck) und die Auflistung von Waffenzubehör und Dual-Use-Gütern, sondern auch die notwendigen Kontrollinstrumente und – Mechanismen u.a. der Kontrolle durch das Parlament (Finaud 2011: 53). Die Menschenrechtssituation im Empfängerland muss sehr viel schärfer überprüft werden und es bedarf einer verlässlichen Kontrolle über den Endverbleib der Waffen. Die gängige Praxis zeigt deutlich: Wirtschaftliches Interesse am Waffenhandel und Friedenspolitik lassen sich nicht vereinbaren.

Für weitere Forschungen wäre es von Interesse zu analysieren, warum die Waffenlobby soviel Gewicht in der Politik hat. Denn mit etwa einem Prozent der gesamten deutschen Exporte und mit (unbestätigten) 80.000 Arbeitsplätzen macht sie einen vergleichsweise kleinen Anteil der deutschen Wirtschaft aus.

> „In der ganzen Welt ist jeder Politiker sehr für Revolution,
> für Vernunft und Niederlegung der Waffen –
> nur beim Feind, ja nicht bei sich selbst."
> (Hermann Hesse)

5. Literatur und Quellen

BEHRENS, Maria, REICHWEIN, Alexander (2007): Global Governance, in: Arthur Benz, Susanne Lütz, Uwe Schimank, Georg Simonis (Hg): Handbuch Governance, VS-Verlag, Wiesbaden

BLUM, Sonja, SCHUBERT, Klaus (2011): Politikfeldanalyse, 2. Auflage, VS Verlag, Wiesbaden

BRÜHL, Tanja, ROSERT, Elvira (2010): UNO und Global Governance, FernUniversität, Hagen

BÖCKENFÖRDE, Markus, LEININGER, Julia: Prozesse fördern, nicht nur Produkte fordern: Demokratie und Menschenrechte in der deutschen Außenpolitik, in: Aus Politik und Zeitgeschichte, 62. Jahrgang, 10/2012, S. 40 - 46

BROSZKA, Michael, KÜCHLE, Hartmut (2002): Folgen, Auswirkungen und Gestaltungsmöglichkeiten internationaler Abkommen für eine restriktive deutsche Rüstungsexportpolitik, Schriftenreihe BICC, Bonn

BROSZKA, Michael, MOLTMANN, Bernhard (2005): Deutsche Rüstungsexportpolitik: Plädoyer für Prinzipientreue, in: Ulrich Ratsch, Reinhard Mutz, Bruno Schoch, Corinna Hauswedell, Christoph Weller (Hg.): Friedensgutachten, LIT-Verlag, Münster, S. 228-236

EASTON, David (1965): A Framework for Political Analysis, Prentice Hall, Englewood Cliffs

FEINSTEIN, Andrew (2012): Das globale Geschäft mit dem Tod, Hoffmann und Campe, Hamburg

19

FINAUD, Marc (2011): The role of parliament in arms control, disarmament and the non-prolieferation of weapons of mass destruction (WMD), Geneva Papers

FRANK, Katja (2000): Nur an Demokratien liefern! Plädoyer für eine andere Rüstungspolitik, in: HSFK-StandPunkte Nr. 3/2000, Hessische Stiftung Friedens- und Konfliktforschung, Frankfurt/Main

GREENE, Owen, MARSH, Nic (2012): Small arms, crime and conflict: Global Governance and the threat of armed violence, Routledge, London

HELLMANN, Gunter/WOLF, Reinhard/SCHMIDT, Siegmar (Hg.) (2007): Handbuch zur deutschen Außenpolitik, VS Verlag, Wiesbaden

JOHN, Matthias (2007): Rüstungstransfer – Globaler Handel mit Tod und Gewalt, in: Aus Politik und Zeitgeschichte: Kriege und Konflikte, B 16-17, S. 17 - 24

JOHNSON, E. Rebecca (2009): Arms Control, Universality and International Norms, in: Larsen, Jeffrey A. (Hg.) (2002): Arms Control: Cooperative Security in a Changing Environment, Kapitel 10, S. 215 – 240, Boulder, CO

KARP, Aaron (2009): The Global Small Arms Industry: Transformed by War and Society, in: Bitzinger, Richard (Hg.) (2009): The modern defense industry: political, economic and technological issues, Kapitel 15, S. 272 – 292, Praeger, Kalifornien

KRAUSE, Joachim (2007): Rüstungskontrolle, in: WOYKE, Wichard (Hg): Handwörterbuch Internationale Politik, 11. Auflage, S. 453, UTB, Stuttgart

MOLTMANN, Bernhard (2011): Im Dunkeln ist gut munkeln – Oder: Die Not mit der Transparenz in der deutschen Rüstungsexportpolitik, in: HSFK Standpunkte, Nr. 1/2011, Hessische Stiftung Friedens- und Konfliktforschung, Frankfurt/Main

MÜLLER, Harald, SCHÖNING, Niklas (2006): Rüstungsdynamik und Rüstungskontrolle: Eine exemplarische Einführung in die internationalen Beziehungen, Nomos, Baden-Baden

SCHARPF, W. Fritz (2000): Interaktionsformen. Akteurszentrierter Institutionalismus in der Politikforschung, VS-Verlag, Wiesbaden

STOHL, Rachel, GRILLOT, Suzette (2009): The international Arms Trade, Polity Press, Cambridge, UK

WISOTZKI, Simone (2006): Kleinwaffen in falschen Händen, in: HSFK Standpunkte, Nr. 3/2006, Hessische Stiftung Friedens- und Konfliktforschung, Frankfurt/Main

WALSH, A. Kathleen (2009): The Role, Promise and Challenges of Dual-Use-Technologies in National Defense, in: Bitziner, Richard (Hg.) (2009): The modern defense industry: political, economic and technological issues, Kapitel 7, S. 123 – 152, Praeger, Kalifornien

Internetquellen

Amnesty International
www.amnesty.de

ATT Preparatory Committee
www.un.org/disarmament/convarms/ATTPrepCom/

Auswärtiges Amt: Jahresabrüstungsbericht des Auswärtigen Amtes
http://www.auswaertiges-amt.de/DE/Aussenpolitik/Friedenspolitik/
Abruestung/Aktuelles/120229_Jahresabruestungsbericht_2011-node.html

Datenbank des BICC Bonn International Center of Conversion
www.bicc.de / www.ruestungsexport.info

Gemeinsame Konferenz Kirche und Entwicklung

www3.gkke.org/

Hessischen Stiftung Friedens- und Konfliktforschung

www.hsfk.de

SIPRI Stockholm International Peace Research Institute

www. sipri.org

International Acton network on small arms (IANSA)

www.iansa.org

Small Arms Survey

www.smallarmssurvey.org

Lightning Source UK Ltd.
Milton Keynes UK
UKHW012032040719
345604UK00001B/36/P

9 783656 276975